# ARCÁNGELES

*Uriel: Accede a la sabiduría divina, estimula tu inspiración, aumenta tu productividad y manifiesta el propósito que Dios te ha dado (Libro 6 de la serie Arcángeles)*

## ANGELA GRACE

# TABLA DE CONTENIDO

| | |
|---|---|
| Audio de meditación guiada de 10 minutos ¡gratis! (En inglés) | vii |
| Introducción | ix |
| 1. URIEL, EL SABIO | 1 |
| Uriel en las escrituras | 2 |
| Símbolos y asociaciones | 3 |
| 2. INVOCA AL ARCÁNGEL URIEL | 5 |
| Comienza la meditación | 5 |
| Invoca a Uriel | 7 |
| Escucha la voz de Uriel | 8 |
| 3. TEN LA FORTALEZA PARA PREGUNTAR | 9 |
| Ejercicios diarios | 9 |
| Mantras y afirmaciones | 10 |
| Cortar lazos | 11 |
| 4. INVOCA LA ESPADA DE URIEL | 13 |
| Protégete | 13 |
| Protege a tus mascotas | 14 |
| 5. URIEL, UN MODELO A SEGUIR: ALINEA TU FRECUENCIA | 17 |
| ¿Qué es una frecuencia? | 18 |
| Completa la alineación | 19 |
| 6. MEDITACIONES PARA TUS NECESIDADES ESPECÍFICAS | 21 |
| Meditación para la positividad corporal | 21 |
| Meditación para encontrar el rumbo | 23 |
| 7. SUEÑOS, CRISTALES Y VELAS | 26 |
| Sueños | 26 |
| Cristales | 27 |
| Velas | 28 |

8. OBSERVA A URIEL EN EL MUNDO QUE TE RODEA ... 30
   - Encuentros con animales ... 31
   - Números repetidos ... 32
   - Instintos e ideas ... 32

9. ESCRIBE UNA CARTA A URIEL ... 34
   - Cómo escribir la carta ... 34
   - Ejemplo de una carta ... 35
   - Seguimiento ... 36

10. REIKI CON EL ARCÁNGEL URIEL ... 37
    - ¿Qué es el Reiki? ... 37
    - Incorpora la ayuda de Uriel ... 38

11. PASA TIEMPO CON URIEL ... 41
    - Momentos hermosos ... 42
    - Desahogo ... 43

Conclusión ... 45
Referencias ... 47
Por favor, deja una reseña en Amazon ... 51

© **Copyright 2020 - Ascending Vibrations - Todos los derechos reservados.**

El contenido en este libro no puede reproducirse, duplicarse o transmitirse sin el permiso directo por escrito del autor o del editor.

Bajo ninguna circunstancia se tendrá la culpa o responsabilidad legal contra el editor o el autor, por daños, reparaciones o pérdidas monetarias debido a la información contenida en este libro, ya sea directa o indirectamente.

Aviso Legal:

Este libro está protegido por derechos de autor. Es solo para uso personal. No se puede modificar, distribuir, vender, usar, citar o parafrasear ninguna parte o el contenido de este libro sin el consentimiento del autor o editor.

Aviso de Exención de Responsabilidad:

Tenga en cuenta que la información contenida en este documento es solo para fines educativos y de entretenimiento. Todo el esfuerzo se ha ejecutado para presentar información precisa, actualizada, confiable y completa. No se declaran ni implican garantías de ningún tipo. Los lectores reconocen que el autor no participa en la prestación de asesoramiento legal, financiero, médico o profesional. El contenido de este libro se ha derivado de varias fuentes. Consulte a un profesional con licencia antes de intentar cualquier técnica descrita en este libro.

Al leer este documento, el lector acepta que en ningún caso el autor es responsable de las pérdidas, directas o indirectas, que se incurran como resultado del uso de la información contenida en este documento, incluidos, entre otros, errores, omisiones o inexactitudes.

# AUDIO DE MEDITACIÓN GUIADA DE 10 MINUTOS ¡GRATIS! (EN INGLÉS)

¿No te gustaría añadir aún más motivación, inspiración y valor en tu camino hacia la espiritualidad? Como agradecimiento, desde lo más profundo de mi corazón, te concedo acceso GRATUITO a un audio de diez minutos de meditación guiada de la llama violeta (en inglés).

**Si estás listo para soltar toda esa energía negativa que ya no te sirve, aprovecha esta meditación de la llama violeta.**
Con la llama violeta podrás liberar la energía bloqueada en tu interior fácilmente
Limpia tu karma para aumentar tu felicidad
Haz crecer tu espíritu de nuevo y regresa al camino hacia tu destino

HAZ CLIC AQUÍ Y OBTÉN TU AUDIO DE MEDITACIÓN GUIADA DE LA LLAMA VIOLETA ¡GRATIS! (EN INGLÉS)

*bit.ly/zadkielmeditation*

# INTRODUCCIÓN

No es fácil navegar este mundo en soledad. Solemos recibir mensajes contradictorios, energías confusas y la negatividad conflictiva de los demás y de nosotros mismos. Enfrentamos elecciones difíciles y nos cuesta vivir la vida para la que fuimos creados. Y aunque escuchemos a Dios e intentemos seguir sus enseñanzas, su voz es difícil de escuchar.

Por fortuna, Dios ha creado a unos seres diseñados específicamente para ayudarnos a encontrar nuestro camino. Los ángeles existen en todos lados en nuestro mundo, a menudo fuera de la vista, para guiarnos con amor. La palabra "ángel" puede traducirse como "mensajero" y es exactamente lo que hace. Los ángeles llevan mensajes de Dios y nos los comunican de una forma en que podemos entenderlos. Está en nuestro derecho elegir escuchar esos mensajes o no; es una demostración del don del libre albedrío. Sin embargo, los ángeles en verdad quieren lo mejor para nosotros y tienen buenas intenciones. Ellos reconocen el valor de nuestras vidas creadas a imagen de Dios y trabajan con nosotros de forma individual para hacer un mundo mejor.

Dentro de la jerarquía angelical se encuentran los arcángeles, los príncipes de los Cielos que tienen un rol especial entre sus pares. Son respetados como líderes e influencias poderosas y siempre están disponibles para ti. Muchas personas creen que están restringidas a la comunicación con sus propios ángeles de la guarda y que no son dignas del tiempo de un arcángel, pero no

## INTRODUCCIÓN

es para nada cierto. A los arcángeles como Miguel, Rafael, Gabriel y Uriel les encantaría reunirse contigo a solas y ayudarte a crear una vida de paz y productividad.

Este libro estará enfocado en crear una relación significativa con el arcángel Uriel. Uriel es un ángel menos conocido que suele trabajar detrás de las escenas para revelar la verdad, iluminar y ayudarnos a elevar nuestro plano terrenal al reino angelical. Es el ángel de la sabiduría y el conocimiento y puede ayudarte si te sientes perdido en este mundo o si necesitas un poco de ayuda para ser una persona más productiva y creativa o descubrir el propósito que Dios te ha dado.

A pesar de que no se lo menciona muchas veces en las escrituras canónicas, Uriel aún así quiere hablar contigo y ayudarte a atravesar lo que sea que está en tu mente. ¡Por suerte para nosotros, él es muy bueno para ofrecer explicaciones y su voz es fácil de escuchar! Después de algunos ejercicios y meditaciones simples, serás capaz de interactuar con Uriel todos los días y podrás sentir su influencia en todo lo que te rodea. Serás capaz de canalizar su energía abundante y dinámica en tu trabajo y carrera para poder acumular más riqueza y abundancia. También podrás aprovechar su naturaleza elocuente como una forma de encontrar el rumbo de tu vida y determinar con exactitud los pasos que debes seguir para alcanzar todo tu potencial. Después de que Uriel disipe la confusión que bloquea tu mente y tu energía, sin dudas encontrarás más satisfacción en muchos ámbitos de tu vida.

Gracias a esta guía, aprenderás a hacer lo siguiente:

1. Entender a Uriel como un símbolo y como una entidad independiente.
2. Comunicarte con Uriel y reconocer su voz.
3. Realizar a diario ejercicios, afirmaciones y liberaciones que te permitirán lograr más cosas a lo largo de tu día.
4. Contratar a Uriel como tu guardián personal y el de tus mascotas.
5. Alinear tu frecuencia con Uriel para poder manifestar más positividad en tu vida.
6. Completar una variedad de meditaciones que te permitirán escuchar a Uriel de diferentes maneras.
7. Emplear los sueños, los cristales y el karma como un medio para conectarse con los aspectos de la esencia de Uriel.

## INTRODUCCIÓN

8. Reconocer las señales de que Uriel está presente en el mundo que te rodea.
9. Escribir una carta a Uriel como lo harías con cualquier otro amigo.
10. Realizar una sanación básica de reiki con la guía de Uriel.
11. Pasar tiempo con Uriel en tu día a día e incluirlo en tu domesticidad celestial.

Si esta es la primera vez que trabajas con energías o te involucras con cosas esotéricas, ¡no te preocupes! Esta guía está pensada tanto para principiantes como para quienes ya han tenido contacto con los ángeles en el pasado. Incluso si ya te has contactado antes con Uriel, descubrirás que podrás profundizar tu conexión con él después de terminar de leer este libro. No importa tu nivel de habilidades, podrás comunicarte con Uriel sin necesidad de muchos elementos. Tal vez te interese conseguir algunos cristales, velas y aceites para conectar con su energía, así que ten esto en cuenta antes de proceder. Sin embargo, si estás buscando una relación profunda con el Ángel de la Sabiduría, no son necesarios.

Si estás listo para cambiar tu vida para mejor, adelante, ¡pasa a la siguiente página!

## I

# URIEL, EL SABIO

Los arcángeles son seres de una complejidad y una inteligencia incomprensibles. No tenemos idea de qué ven los ángeles cuando nos ven, cómo es su experiencia del tiempo y cómo existen fuera de nuestro mundo físico. En el caso de muchos de ellos, ni siquiera sabemos bien claro el rol exacto que tienen en la creación de Dios. De hecho, se cree que ver a un arcángel es una experiencia atemorizante, o al menos impresionante, como puede observarse en la forma en que las personas responden a ellos en las escrituras (The Legends of History, 2020).

Sin embargo, no quiere decir que no podemos acercarnos por completo a los arcángeles. Como las personas suelen responder a su presencia con temor, muchos arcángeles se presentan con la frase "no teman" (*Al-tirah* en hebreo) para destacar que la humanidad no debe tener miedo de su presencia (Lucas 2:10, 2 Reyes 1:15). De hecho, "no teman" es el mandamiento más repetido de las escrituras cristianas y hebreas, ¡con un total de 144 veces! La segunda frase más común, "amen a Dios", aparece solo 72 veces (Be Not Afraid: Luke 2:1-20 [*No teman: Lucas 2:1-20*], 2018). Es evidente que el Padre Celestial no quiere inspirar terror en nuestro mundo; los ángeles son una fuente de paz y guía.

Es fácil hablar con Uriel, el poderoso arcángel de la sabiduría y el conocimiento. Veamos algunos versículos del cuarto libro de Esdras (o Apocalipsis de Esdras), en donde Uriel consuela al profeta Esdras:

ANGELA GRACE

"¿Dónde está el ángel Uriel que vino antes hacia mí? ¿Por qué me ha hecho buscar todo esto, para que el final de mi vida sea presa de las penas y mi oración del oprobio?". Mientras le hablaba así, este ángel que antes vino hacia mí, se me acercó. Me encontró estirado como un cadáver privado de sentimiento; me tomó la mano derecha, me dio fuerzas, me puso derecho sobre mis pies. Me interpeló: "¿Qué te ha ocurrido? ¿Qué te ha alterado? ¿Por qué has perdido el conocimiento?". "Es porque me has dejado y abandonado; he salido al desierto como me habías dicho y he visto cosas incomprensibles". "Levántate", me dijo, "y te hablaré como a un hombre". Le respondí: "Habla, Señor mío, pero no me abandones, no sea que muera súbitamente. Pues he visto lo que nunca había visto; he oído lo que no entendía. ¿Acaso ha delirado mi espíritu? ¿Quizás ha soñado mi alma? Ahora te lo ruego, Señor mío, exponle a tu servidor la explicación de todo ello". Me respondió: "Escúchame y te instruiré sobre lo que temes" (Esdras IV 10:28-38).

Uriel no simplemente expresó una orden y se alejó. Él apareció cuando oyó la aflicción de Esdras y lo ayudó con su agotamiento físico antes de hacer preguntas, escuchar toda la respuesta y dar una explicación paciente para aliviar a Esdras de su confusión. Como ángel de la sabiduría, esa es su especialidad: aliviarnos de los pensamientos confusos que nublan nuestra mente y nuestro juicio para poder seguir adelante de una forma mucho más digna de nuestro propósito definitivo.

Sin embargo, al igual que con los demás arcángeles, es provechoso tener un profundo entendimiento de Uriel antes de intentar comunicarte con él. Conocer su historia, su personalidad y su energía te ayudará a reconocer su voz cuando te habla directamente a ti e incluso te ayudará a ver su influencia en el mundo que te rodea. Para poder entender a Uriel, primero tenemos que analizar su rol en las escrituras y luego veremos los símbolos que están típicamente asociados con él, al igual que las experiencias de otras personas con Uriel.

## URIEL EN LAS ESCRITURAS

Los versos que acabamos de ver son extractos del cuarto libro de Esdras, un texto escrito por el profeta aproximadamente entre 70 y 218 e.c. Es uno de los libros apócrifos (también conocidos como Deuterocanónicos), lo cual significa que, aunque es altamente respetado y se lo suele referenciar en reflexiones específicas, no se lo considera parte del canon bíblico (What are the Catholic Apocrypha [*Qué son los apócrifos católicos*], s.f.). Los textos canónicos solo mencionan a tres ángeles: Gabriel, Miguel y Rafael. Sin embargo, los textos judíos como el Talmud incluyen a Uriel como el cuarto ángel que se para junto al trono de Dios en cada punto cardinal. Aquí se dice que Uriel está ubicado en el norte, la dirección asociada con la conciencia plena, el pensamiento y el tercer ojo. De manera similar, el nombre "Uriel" se traduce como "luz de Dios", haciendo referencia a que él ilumina nuestras mentes con la verdad (Chaignot, s.f.).

Sin embargo, aunque no se menciona su nombre directamente en los textos canónicos, muchos teólogos creen que Uriel es un ángel mencionado en Isaías 63:9, al cual se lo llama "el ángel de la presencia de Dios", al igual que uno de los cuatro ángeles que pidió la intervención divina para los Nefilim en Génesis 6:1-4 (Chaignot, s.f.). El resto de lo que conocemos sobre Uriel proviene de las leyendas, la interpretación y de la interacción directa con el mismísimo ángel.

## SÍMBOLOS Y ASOCIACIONES

Se suele mencionar a Uriel como el Ángel de la Tierra, mientras que Miguel es el Ángel del Fuego, Gabriel es el Ángel del Agua, y Rafael es el Ángel del Aire (Hopler, 2018). A veces es un poco desconcertante pensar en Uriel como luz y tierra a la vez, pero piénsalo de este modo: él existe en nuestro plano terrenal para elevarse hacia la luz. Por lo tanto, su influencia puede encontrarse en los estudios que ayudan a la humanidad a progresar y percibir la divinidad, como las artes y las ciencias. Él es el ángel perfecto con quien hablar si eres un estudiante, maestro o simplemente alguien que quiere ver mejorar a la sociedad. Uriel vive en los corazones de todos los activistas sociales más allá de su fe. Debido a esta conexión terrenal, él también es versado en dirigir a la humanidad, explicar conceptos abstractos de forma escueta y dar consejos maduros (Hopler, 2018).

Del mismo modo, podemos acercarnos a Uriel para nuestro desarrollo personal. Ya sea que estés en una encrucijada en tu carrera, que tengas que tomar una decisión difícil o estés intentando ser mejor de cualquier manera, Uriel puede darte la dirección que necesitas para seguir adelante. Recuerda la "prueba" que vimos en el cuarto libro de Esdras. Uriel estaba ansioso por explicar y responder preguntas: ¡es justo lo que Esdras necesitaba! De modo similar, él trabajará contigo de una manera paciente y sin juzgarte para aclarar el camino de tu vida.

Quizás su trabajo a través de las artes y las ciencias es el motivo por el cual no aparece tanto como otros arcángeles en las escrituras. Su mano está presente en nuestras propias obras, porque él nos guía en nuestros proyectos, así que a veces da un paso al costado y no se lleva el crédito por el trabajo que hace. Uriel es un arcángel humilde que existe para llevarnos hacia la verdad mientras nos hace creer que lo hemos descubierto por nuestra cuenta (The Legends of History, 2020). Sin embargo, al igual que Esdras, podemos aprender a reconocerlo, invocarlo y escuchar sus direcciones. Incluso podemos pensar en Uriel como un amigo al que recurrimos cuando necesitamos un consejo.

La festividad de Uriel es el 11 de julio, y algunas personas han declarado que su energía es más poderosa en el verano boreal. La Tierra prospera en el verano y disfruta de un periodo de crecimiento, lo cual podría explicar fácilmente por qué Uriel está más presente en los meses más calurosos (Chaignot, s.f.). Sin embargo, no te desanimes e intenta contactarte con él durante las otras estaciones. El crecimiento tiene lugar todo el tiempo de diferentes maneras.

## 2
# INVOCA AL ARCÁNGEL URIEL

Tal vez piensas que tienes que ser específicamente elegido para poder comunicarte con Uriel. Debe existir algún tipo de mensaje que Dios quiere entregar a través de él, algún propósito importante que tienes que cumplir o algo de una gran importancia universal que fuiste hecho para hacer. No puede ser algo que cualquier mortal pueda hacer, ¿no es cierto?

Si eso es lo que piensas, ¡estás casi del todo correcto! Sí, existe algo que solo tú puedes cumplir. Sí, hay un mensaje que Dios quiere que Uriel te diga. ¡Y sí, es un mensaje de una gran importancia universal! Sin embargo, todas las personas tienen una tarea que cumplir aquí en la Tierra y todas tienen igual acceso a los ángeles para que las ayuden a alcanzar sus metas. ¡Toda la humanidad fue creada a imagen y semejanza de Dios, no solo los profetas y los santos! Completa unos simples pasos y podrás comunicarte con Uriel libremente y podrás reconocer su energía en el mundo a tu alrededor.

## COMIENZA LA MEDITACIÓN

Aunque tu habilidad para reconocer la influencia de un ángel mejorará con el tiempo, la mejor forma de conectar con ellos si eres principiante es mediante una meditación profunda. Con algo de concentración e intención, ¡podrás conocer mejor a Uriel y oír su voz con más claridad! Si recién comienzas con esto de la meditación, aquí te dejo unos consejos para entrar en un estado de meditación.

- **Busca un lugar tranquilo.** En este mundo moderno, a veces es un poco difícil encontrar el silencio total. El lugar que elijas para tu meditación no tiene que ser completamente silencioso, pero sin dudas ayuda tener un área con interrupciones mínimas para que nada te aleje de tus pensamientos. Si el ruido te resulta molesto, puedes ponerte unos auriculares y escuchar ruido blanco. Existen miles de videos de ruido blanco disponibles en YouTube gratis, o puedes buscar un reproductor de ruido blanco en la tienda de aplicaciones de tu teléfono.
- **Controla tu respiración.** La respiración es el ritmo del cuerpo, ¡y podemos usarla a nuestro favor! Una técnica de respiración muy popular recomendada por los científicos es la 4-7-8, en la cual inhalas durante cuatro segundos, aguantas la respiración durante siete segundos y exhalas en ocho segundos (Fletcher, 2019). Siempre puedes ajustar el tiempo si este ritmo te parece algo difícil. Simplemente intenta mantener un ritmo de respiración estable, lento y continuo.
- **Practica la conciencia plena (*mindfulness*).** Para algunas personas es útil integrar una práctica de conciencia plena a sus meditaciones. El *mindfulness* o conciencia plena es la práctica de estar presente en tu entorno actual y percibir las pequeñas cosas que te rodean. Nombra una cosa que puedas tocar, oír, oler, ver o saborear. Este simple acto te conectará con la Tierra, la esfera de Uriel.
- **Emplea la visualización.** A menudo uso la imaginación cuando mi mente está particularmente desconcentrada para poder entrar en un estado de meditación. Las visualizaciones más efectivas están centradas alrededor de la respiración y combinan con tu ritmo de respiración, como imaginar una pluma que sube y baja flotando mientras inhalas y exhalas. También puedes imaginar que subes y bajas una escalera, que subes y bajas en un ascensor, o cualquier otra imagen que te hable. Usaremos la visualización para

ayudarnos a relajarnos y concentrarnos, así que la imagen no es tan importante en esta etapa.

## INVOCA A URIEL

Después de que hayas podido entrar en un estado de meditación con éxito, ¡es momento de invocar a Uriel! No existe una forma correcta o incorrecta de hacerlo, así que te daré algunas opciones específicas para Uriel que puedes intentar. Si no tienes éxito con uno de los métodos, ¡intenta otro! El único truco es mantenerse alerta y consciente mientras su presencia se acerca a ti. Él vendrá; solo tienes que encontrar un método que puedas combinar con tu energía.

- **Cambia tu visualización.** Si has usado la visualización para ayudar a relajarte y entrar en tu meditación, es momento de cambiar las imágenes para que sean más específicas de Uriel. Intenta imaginarte bañado en la luz roja de la Tierra o la luz dorada de la sabiduría. Si tu tercer ojo es muy sensible, puedes concentrar el color en tu frente (Beckler, 2017). En su defecto, puedes invitar a Uriel para que toque tus brazos u hombros e imaginar sus manos en tu piel. Su toque se sentirá cálido, estable y fuerte.
- **Usa un canto o mantra.** En el libro de Esdras, Uriel respondió cuando Esdras mencionó su nombre. Tú puedes hacer lo mismo; di su nombre lentamente, puedes hacerlo al exhalar. Pronuncia cada sílaba con cuidado. También puedes convertirlo en una afirmación, tales como: "Uriel, necesito tu ayuda", "Uriel, muéstrame la verdad", o "Uriel, te necesito". Siempre y cuando la afirmación que elijas es genuina y venga del corazón, ¡él te responderá!
- **Usa distintas herramientas.** Si tenemos problemas para recibir un mensaje directo, podemos usar herramientas como cristales, aceites o cartas del tarot para ayudarnos a leer la energía. Si decides usar los cristales, intenta con uno que esté asociado con la Tierra, como la obsidiana. También puedes usar la hematita o la piedra ojo de tigre. Si decides usar una esencia o un aceite, busca

aromas de sándalo, jengibre o albahaca (Acone, 2010). ¡Consulta el capítulo 7 para saber más sobre estas herramientas! Si usas las cartas del tarot, preséntale a Uriel una pregunta abierta e invítalo a que guíe tu mano mientras sacas una carta.

## ESCUCHA LA VOZ DE URIEL

En el mundo esotérico, solemos utilizar palabras como "voz" para representar la energía y las intenciones de un ser, incluso si no hace uso de cuerdas vocales tal y como las conocemos. Es muy factible oír las palabras directas de un ángel como lo hacen muchos de los profetas, pero es importante que nos mantengamos susceptibles a las formas en las que podemos absorber la energía angelical.

Si escuchas palabras específicas, mucha gente percibe a Uriel con una voz masculina. Es por esto que me refiero a él en género masculino. Sin embargo, otras personas declaran haber visto a Uriel como una presencia femenina o lo sienten con un tono más femenino cuando se comunica. ¡Otras dicen que lo han visto como masculino en la mayoría de los casos, pero a veces como femenino! Mantente abierto a estas posibilidades. Si recibes una energía más femenina, es probable que estés hablando con Uriel; él simplemente ha decidido presentarse de forma femenina por el momento (Aroche, 2018).

Otras personas tienen respuestas emocionales muy fuertes cuando se ponen en contacto con un ángel. ¡Si descubres que tienes ganas de llorar, eso significa que lo has logrado! Sigue adelante con determinación y escucha con atención el mensaje de Uriel.

Por último, solemos escuchar las verdades de Uriel en la forma de intuiciones, imágenes y pensamientos. Si descubres que tus intuiciones o emociones te empujan en una cierta dirección cuando te conectas con Uriel, él está tratando de decirte que esa es la dirección correcta. O si de repente una idea te llena de temor, él te está enviando una advertencia. ¡Mantén la mente abierta y escucha con atención!

## 3
# TEN LA FORTALEZA PARA PREGUNTAR

Los ángeles siempre están dispuestos a ayudarnos. Son capaces de hacer un sinfín de cosas por nosotros, pero al igual que los padres, quieren que aprendamos a preguntar. En el simple acto de preguntar, aprendemos a reconocer nuestras propias necesidades, darnos cuenta de nuestras fortalezas y debilidades y ser humildes (Palmy, 2020).

Ahora que has aprendido a reconocer la presencia y el poder de Uriel, es momento de dejar que él influya en tu vida de forma más directa y con intenciones más claras. Como es el ángel de la sabiduría, ¡piensa en él como un maestro o un mentor en tu vida! En este capítulo, veremos algunos ejercicios diarios que puedes hacer para incluir a Uriel en tu rutina, afirmaciones que te ayudarán a aceptar su energía, y una técnica especial de cortar lazos que te libra de las conexiones negativas que aún persisten. ¡Uriel estará muy emocionado de descubrir que estás pidiéndole las cosas que necesitas!

## EJERCICIOS DIARIOS

Poder contactar a Uriel a través de la meditación es una buena forma de buscar su guía, pero hay muchas otras cosas que puedes hacer que le permitirán influir en más aspectos de tu vida. Como su especialidad son las artes, las ciencias y todas las cosas que hacen progresar a la humanidad, muchos de estos ejercicios se centrarán en tu trabajo y en tu carrera. Si sientes que el propósito de tu vida está en otro lado, como la paternidad, puedes invitarlo a entrar a esa parte de tu vida. Ningún obstáculo es demasiado pequeño para Uriel; ¡déjalo entrar y verás que te convertirás en alguien mucho más productivo!

- **Invita a Uriel a tu trabajo.** Como nuestras carreras son una de las formas principales en las que influimos sobre el progreso de la humanidad, ¡Uriel está profundamente arraigado en nuestro trabajo! Él está presente en nuestra rutina diaria incluso antes de invitarlo. Al reconocer abiertamente su influencia e invitar su ayuda antes de comenzar una tarea o un proyecto, intenta contactar a Uriel y hazle saber que estás escuchando. Ya sea que lo digas en silencio o en voz alta, di: "Uriel, recibo tu ayuda en mi trabajo" o "Uriel, siento tu mano que influye sobre mí". Si es un proyecto difícil, pídele ayuda. Intenta con: "Uriel, ayúdame a crear el bien común a través de mi trabajo".
- **Pasa tiempo con la Tierra.** Tomar sol es la actividad perfecta para conectar con Uriel: ¡estás recostado en la tierra y recibes la luz! No puedes solo tomar sol sin pensar; sin embargo, debes oír a Uriel adrede si quieres escucharlo. Intenta realizar una meditación mientras tomas sol o usa esos momentos bajo el sol como oportunidades para pensar en ideas para tus próximos proyectos.
- **Purifícate con energía roja y dorada.** Cuando estés atravesando un bloqueo mental, como el infame bloqueo creativo o del escritor, deja que Uriel limpie eso por ti. Permítete unos momentos para desconectarte de tu trabajo y concentrarte en la energía de Uriel. Deja que te envuelva de pies a cabeza, disfruta su fortaleza y su estabilidad y quédate allí todo el tiempo que necesites. Cuando estés listo, ¡vuelve a lo que estabas haciendo y mira toda la inspiración que Uriel te ha dado!

## MANTRAS Y AFIRMACIONES

En tiempos de estrés y ansiedad solemos someternos a la autocrítica negativa. Estamos tan agobiados por pensamientos como "no soy lo suficientemente bueno" que no somos capaces de escuchar la voz de Uriel a lo largo del día. Emplear mantras o afirmaciones a diario es una forma fantástica de separarnos de esa autocrítica y abrir nuestras mentes a la verdad de Uriel. De un cierto modo, nos ayuda a engañar a la mente para entrar en una vibración más elevada mediante el uso de afirmaciones positivas con "yo soy".

Existen muchas formas de usar las afirmaciones de manera efectiva, así que eres libre de experimentar y ver lo que funciona para ti. Puedes usarlas como parte de tu meditación habitual o puedes combinarlas con algunos de los ejercicios que ya hemos mencionado, como cada vez que pasas tiempo con la Tierra. Para usarlas, solo repite la frase en voz alta o en tu mente durante treinta segundos o más. Haz que suene como si de verdad lo desearas, ¡incluso si no crees que la afirmación aplica para ti en ese momento! Repítelo hasta que sientas que las intenciones se afirman.

Puedes crear tus propias afirmaciones si te gustaría acceder a un aspecto particular de la identidad de Uriel, pero aquí tienes unas cuantas para comenzar:

- "Estoy abierto a la verdad y la luz".
- "Estoy conectado a la Tierra y a su poder".
- "Siento la Tierra bajo mis pies y sé que estoy respaldado".
- "A través de mi trabajo, ayudo a progresar a la humanidad".
- "Tengo una importante misión que cumplir y lo haré de forma perfecta".
- "Soy una persona sabia y culta".
- "Uso la ciencia/uso el arte como una forma de ayudar a la sociedad".
- "Soy humilde y no tengo miedo de hacer preguntas".
- "Puedo recibir nuevos conocimientos con dignidad".
- "Veo con claridad el camino que debo seguir en la vida. Sé exactamente lo que hay que hacer".

## CORTAR LAZOS

¿Alguna vez has notado que tus sentimientos de duda y confusión duran días, semanas o meses después de que el desencadenante emocional ocurriera? Tal vez descubres que te obsesionas con una decisión que tomaste en el pasado, te preguntas si fue la correcta, piensas demasiado en el "significado" del comportamiento de otra persona o tienes otros pensamientos persistentes que te provocan angustia. Por fortuna, con la ayuda de Uriel, ¡puedes cortar con esos pensamientos negativos y librarte de ellos para siempre!

Cortar lazos se basa en la idea de que creamos "lazos" emocionales con las personas con las que interactuamos, las cosas que vivimos e incluso los pensamientos y las ideas a los que nos aferramos. Estos lazos pueden ser positivos, pero en ocasiones nos impiden alcanzar el bien común porque nos mantienen anclados a las cosas que ya no nos sirven. Como Uriel es modelo de honestidad, pensemos en las cosas que nos impiden llegar a la verdad. Piensa en algún trauma que recibiste de gente que te ha mentido, pensamientos de "qué hubiera pasado si..." que no te dejan dormir por las noches o cualquier cosa que piensas que Uriel puede ayudarte a eliminar de tu vida.

Para poder cortar lazos de forma exitosa, debes entrar en un estado de meditación en el lugar silencioso que tú prefieras. Hay personas que prefieren un baño de inmersión con sal del Himalaya o sal de Epsom para debilitar la carga de un vínculo tóxico, pero puedes hacerlo fácilmente sin ayuda si no las tienes. Visualiza a la persona, la situación o el pensamiento que quieres eliminar y visualiza una cuerda que te amarra a ellos. Date unos instantes para asegurarte que la imagen es clara en tu mente (Marcin, 2017).

Después debes invocar a Uriel para que te ayude. Simplemente llámalo en tu mente y escucha su presencia fuerte y arraigada. Hazle saber lo que sucede y pídele que te dé su fortaleza para cortar los lazos. Intenta con: "Uriel, este lazo ya no sirve a mi propósito superior", "Uriel, este lazo me aleja de la verdad", o lo que sientas que aplica a tu situación particular (Palmy, 2020). Uriel liberará las ataduras con la espada ardiente que usó para custodiar el jardín del Edén y estarás libre de las influencias negativas por completo (Génesis 3:24).

## ❊ 4 ❊
# INVOCA LA ESPADA DE URIEL

"Luego de expulsarlo, puso al oriente del jardín del Edén a los querubines, y una espada ardiente que se movía por todos lados, para custodiar el camino que lleva al árbol de la vida" (Génesis 3:24).

A pesar de que no se lo menciona a Uriel por su nombre en este versículo, la tradición dicta que el ángel a cargo de la custodia del Edén era, de hecho, Uriel. Para hacer esta suposición, nuestra fuente principal es el libro apócrifo sobre la vida de Adán y Eva, que se remonta al siglo I e.c. En el texto, se lo ve a Uriel situado en los confines de la frontera del Jardín (Chaignot, s.f.). Además de ser un brillante maestro, mentor, y revelador de la verdad, Uriel también es un espadachín habilidoso y un guardián eficaz. Puedes sentirte libre de invocar su poder protector en cualquier momento que te sientas vulnerable o si te sientes amenazado a nivel físico, emocional o espiritual. También puedes invocar su poder para proteger a tus seres queridos e incluso a tus mascotas.

## PROTÉGETE

Tradicionalmente, la plegaria es la forma clásica de solicitar la protección de un ángel. Si has sido criado en un hogar creyente, es probable que ya estés familiarizado con la típica plegaria. Es apropiado sentarse en silencio y en calma, enfocarse y expresar tu intención a la entidad de tu preferencia. Puedes usar una plegaria guiada o puedes improvisar y hablar desde el corazón.

Suena muy parecido a la meditación, ¿no es cierto? ¡Es porque es así! Muchas creencias en todo el mundo usan la meditación como una forma de invocar la energía protectora, ya sea que hagan referencia a la meditación o usen otro término, como plegaria. Puedes pedir la protección de Uriel del modo occidental, simplemente pidiéndole su ayuda, o puedes integrar conceptos orientales como el enfoque de chakras o la limpieza de auras. ¡No hay respuesta incorrecta!

Si decides usar los chakras, puedes hacer uso de tu chakra de la coronilla para acceder al aspecto de la luz de Uriel. Después de entrar en un estado de meditación, imagina que tu chakra de la coronilla flota sobre ti y gira como un remolino de energía blanca. Luego, imagina que ese remolino crece más y más hasta que cubre todo tu aura e invita al aura roja y dorada de Uriel a tomar el control. Él necesitará tu permiso para hacer guardia sobre ti, así que hazle saber que deseas su espada de protección, ya sea abriendo tu corazón o diciéndolo con palabras. Puede serte útil imaginar su espada o su escudo plantados frente a ti, protegiéndote de las energías negativas (Taphorn, 2018).

Si hay un chakra en particular con el que tienes problemas y quieres que Uriel se centre en él, puedes cambiar el chakra que usas en el ejercicio. Uriel también podrá percibir tu aflicción en esa área y puede ayudar a localizar el problema de raíz. Debes estar abierto a sus habilidades expertas como guardián; déjalo entrar a tu energía y defender tu centro.

## PROTEGE A TUS MASCOTAS

Del mismo modo en que podemos invocar a la espada protectora de Uriel para nuestro propio beneficio, también podemos usarla para proteger a quienes más queremos. ¿Y a quién amamos más sino a nuestros mejores amigos, nuestras mascotas? Como el ángel elemental de la Tierra, Uriel tiene una debilidad por los animales y toda la vida silvestre, lo cual lo convierte en el ángel perfecto a quien recurrir para pedir por la protección de nuestras mascotas. Ya sea que tu mascota esté enferma, medio ansiosa, o simplemente quieras que esté protegida en su día a día, puedes pedirle a Uriel que mejore la calidad de vida de tu animalito durante sus días en esta tierra.

Cuando comiences esta sesión de sanación y protección, es importante entender que los animales tienen los mismos chakras que nosotros, aunque la ubicación de estos varía levemente. Vale la pena investigar las ubicaciones exactas de los chakras del animal de tu preferencia; ¡los perros, gatos, caballos y reptiles no son todos iguales! Como regla general, el chakra de la raíz se encuentra típicamente en la base del rabo, el chakra del sacro está en la zona baja del vientre, el del plexo solar está en el centro de la columna, el chakra del corazón está en el pecho, el chakra braquial está a los lados del cuello, el tercer ojo está en la frente y el de la coronilla está en la parte superior de la cabeza. De nuevo, busca los chakras específicos de tu animal para una sesión más personalizada (McKenzie, 2019).

A veces, sanar a nuestras mascotas requiere un poco más de preparación que sanarnos a nosotros mismos, porque no podemos decirles cuándo deben relajarse, cómo deberían sentirse, y así. Asegúrate de que tu mascota haya hecho sus necesidades recientemente y de que sea un momento del día en el que los animales típicamente se relajan, como al caer la noche. Comienza relajando la mente y el cuerpo y desliza tus manos sobre los puntos de chakra de tu mascota. Tal vez puedas comenzar a sentir los bloqueos con solo hacerlo, así que presta atención a los hormigueos, los tirones energéticos y a tus propios instintos. Si sientes que tienes que apoyar tu mano en alguna zona, hazlo y quédate allí. Como solemos comunicarnos con los animales de forma telepática, puede que te sientas conectado con el chakra de la coronilla, así que ubica tu mano allí si no sientes bloqueos importantes.

Después, tienes que canalizar la fortaleza de Uriel en nombre de tu mascota. Deja que su fortaleza fluya a través de tus manos hacia el animal y lo proteja. Tal vez te resulte útil expresar tu intención a Uriel con una frase como "Uriel, por favor, protege a este animal de las enfermedades" o cualquier mensaje que te gustaría comunicarle (Kean, 2016). Tu mascota puede reaccionar a la energía, porque los animales suelen ser muy sensibles al movimiento de los ángeles, así que asegúrate de ser susceptible a las necesidades de tu mascota. Si parece estar agobiada por la presencia de Uriel, ¡inténtalo en otra ocasión! No todos los animales son receptivos a los extraños, incluso a los angelicales (McKenzie, 2019).

Como con cualquier trabajo de energías, tal vez tengas que repetir la sesión varias veces para ver una diferencia en el comportamiento o el bienestar de tu mascota. Esto es más que cierto, ¡porque tu animal puede estar reacio a aceptar la protección! Sé paciente y confía en tu mascota y en Uriel para lograr una sanación milagrosa.

# URIEL, UN MODELO A SEGUIR: ALINEA TU FRECUENCIA

Al igual que los buenos maestros y guardianes, ¡Uriel predica con el ejemplo! Él está profundamente conectado con la imagen de Dios que yace en todos nosotros y nos guía hacia un deseo de paz definitiva en la tierra. Como es un ser fuertemente arraigado al progreso de la humanidad, cada paso que demos hacia la paz es un paso más cerca de la realización total de Uriel. Aún así, él no es impaciente con nosotros y está dispuesto a trabajar con las personas para lograr sus metas a largo plazo. La mentalidad congruente y orientada a los detalles sin duda es algo a lo que muchos de nosotros aspiramos y que queremos canalizar en nuestras propias personalidades.

Por fortuna, cuando alineas tu frecuencia con la de Uriel, ¡podrás comenzar a sentirte más motivado y enfocado! Serás capaz de atraer más abundancia a tu ser y manifestar un estilo de vida más productivo que se adapte al diseño de Dios y descubrirás que llega fácilmente a ti. Tal vez te lleve varias sesiones hacer este ejercicio y requerirá algo de trabajo para completarlo de forma exitosa. Sin embargo, Uriel trabajará contigo todo el proceso y te guiará a medida que lo necesites, ¡así que no te sientas intimidado!

## ¿QUÉ ES UNA FRECUENCIA?

El concepto de alinear tu frecuencia puede sonar algo abstracto en un principio, así que desglosemos esta idea antes de comenzar el ejercicio.

La frecuencia es un término empleado en la ciencia para describir la velocidad a la que algo ocurre dentro de un determinado periodo de tiempo. De la misma forma en la que le decimos a nuestros amigos "voy con frecuencia a esa cafetería", los científicos usan la frecuencia como un medio para registrar qué tan seguido ocurre algo. Sin embargo, en el ámbito de la ciencia, el término debe ser más específico para adquirir un significado. La frecuencia de algo se mide por lo general en hertz, el cual hace referencia a una cantidad de unidades por segundo. Los colores tal y como los vemos son creados por la frecuencia de la luz visible y le dan al mundo sus preciosos tonos. Si la luz se mueve en la frecuencia más baja visible, 430 billones de hertz, la veremos de color rojo. Si la luz se mueve en la frecuencia más rápida visible, 750 billones de hertz, la veremos de color violeta. Toda frecuencia que se encuentre entre esos dos tonos se ubicará en algún lugar del espectro del color (How Stuff Works Contributors, 2020).

Tal vez ya conoces la idea de los colores del aura. Cada persona tiene un aura que rodea a su cuerpo físico y abarca su energía y que típicamente se manifiesta en una forma, una textura o un color que representa a su esencia. Para obtener un color, nuestra energía debe moverse en una frecuencia determinada que pueda ser percibida por quienes son sensibles a esa energía. Si te haces una lectura de aura, ¡la médium captará tu frecuencia personal!

Los ángeles también tienen un aura personal y suele ser bastante poderosa. En general su color se relaciona con los encargos que Dios les da: el azul representa la fortaleza y el valor, el rosa representa la paz, el blanco representa la pureza y la limpieza, el verde representa la sanación y el violeta representa la transformación. Los ángeles de aura roja, como Uriel, están diseñados especialmente por Dios para traernos sabiduría (Angel Colors Meanings and Symbolism [*Significados y simbolismo de los colores de los ángeles*], 2020). Si ya has contactado a Uriel en alguno de los ejercicios anteriores, ¡es probable que ya lo hayas sentido! Su aura es muy fuerte, arraigada y estable, como la Tierra misma, pero mantiene una ligereza que se le ha concedido gracias a su sabiduría. Para poder alinear tu frecuencia a la de él, tienes que manifestar su frecuencia personal dentro de la tuya.

## COMPLETA LA ALINEACIÓN

La clave para esta actividad es hacerlo seguido y de forma tranquila. ¡Llevará un par de intentos ver cambios a largo plazo en tu energía personal! Considera hacer la meditación completa al menos tres veces a la semana y dedícale veinte minutos a cada sesión.

Para comenzar, entra en un estado de meditación con las habilidades que has aprendido en el capítulo 2. Igual que antes, las imágenes que uses para relajarte no son demasiado importantes porque las cambiaremos para visualizar lo que necesitamos.

En este ejercicio, Uriel necesitará tu permiso para invadir tu espacio personal. Estarás invitándolo al mismísimo centro de tu ser para que rodee con sus brazos cada fibra de tu energía, así que debes estar de acuerdo con la idea de tenerlo a tu alrededor. Recuerda que estás a salvo y protegido en su mano. Primero, deja que su constante energía roja llene tu propia aura. Sentirás su presencia cada vez más cerca, como si él se acercara caminando hacia ti, y será aún más fuerte cuando se acerque a tu cuerpo. Pasa algo de tiempo concentrado en la sensación de esta energía y cómo hace que tu mente se sienta más aguda, más clara y menos abarrotada. Después, relájate mientras sus magníficas alas envuelven tu cuerpo y sus manos descansan sobre tus hombros. Tal vez lo visualizes parado junto a ti mientras lo hace.

Luego, su aura rubí se extenderá sobre tu ser físico. ¡Tómalo con calma! Concéntrate a medida que la energía fluye entre tus manos y penetra profundamente en tu piel. En tu mente, observa cómo se esparce por tus brazos y tu torso, de ahí a tus piernas, rodillas, pantorrillas y pies. Sentirás cómo fluye hacia tu cabeza, estremece tu cuero cabelludo y libra tu mente de todas las distracciones y la confusión. Recuerda que su luz roja tiene una frecuencia extremadamente baja, así que imagínate bajando hasta su rango de color y pasa a la acción.

Por último, sentirás la energía roja de Uriel que penetra profundamente en tu pecho y toca lo más profundo de ti. Notarás que se siente liberador y seguro en vez de aterrador. Podrás sentir su consistencia, su solidez y su inteligencia pura. Deja que Uriel se haga cargo de cada aspecto de tu ser y te afecte de forma positiva. Con su energía rodeándote, despierta tu cuerpo poco a poco. Puedes comenzar por abrir los ojos, mover los dedos de las manos y los pies o sentarte con cuidado. Si realizas esta actividad antes de dormir, también puedes permitirte quedarte dormido mientras la fortaleza de Uriel te envuelve (Cooper, 2020).

## ※ 6 ※
# MEDITACIONES PARA TUS NECESIDADES ESPECÍFICAS

La vida puede arrojarnos cientos de obstáculos. En ocasiones, las cosas parecen suceder todas al mismo tiempo y necesitamos que nuestra alma sane por completo. Otras veces, preferimos concentrarnos en un problema en particular. Este capítulo te guiará a través de tres meditaciones centradas alrededor de problemas particulares a los seres humanos que tal vez experimentes a lo largo de tu vida: la aceptación corporal y la búsqueda del rumbo de tu vida. Si alguna vez te encuentras lidiando con estos problemas (o si estás pasando por ellos ahora mismo), conéctate con Uriel y deja que te ayude.

## MEDITACIÓN PARA LA POSITIVIDAD CORPORAL

El mundo que nos rodea hace mucho hincapié en tener el cuerpo "perfecto", lo cual nos puede hacer sentir muy incómodos en nuestra propia piel. Personas de todas las edades están cada vez más preocupadas por perder peso, ganar músculo y, en general, controlar nuestro cuerpo. Aunque adoptar hábitos saludables puede ser provechoso, no debe estar acompañado de estrés y autoodio. Los ángeles no nos ven por nuestros cuerpos; ellos nos ven por nuestras almas y la esencia de Dios que yace dentro de nosotros. Eso los convierte en aliados maravillosos para encontrar la positividad corporal en nuestro día a día. Si tienes problemas con tu imagen corporal, deja que Uriel te dé una mano.

Esta meditación es relativamente corta y puede hacerse en cualquier momento de calma en donde puedas tener contacto piel con piel contigo mismo, como cuando te duchas o si estás en pijamas. Como nos vamos a enfocar en nuestro cuerpo, será importante atraer la atención positiva a nosotros mismos y al espacio que ocupamos. Para esto, abrázate a ti mismo lenta y amablemente. Coloca las palmas de las manos en el omóplato contrario y juega con la presión, pero asegúrate de no lastimar los hombros o los oblicuos. La posición debe sentirse cómoda y no debe ser tensa de ninguna manera.

Con los brazos alrededor de tus hombros, haz una serie de respiraciones lentas. Inhala durante cuatro segundos, aguanta durante siete segundos y suelta el aire durante ocho segundos. Repítelo. Nota cómo esta posición permite que sientas tu respiración de una forma nueva. ¿Dónde sientes que las costillas se expanden? ¿Qué sientes? Respira de nuevo; inhala en cuatro segundos, aguanta siete segundos y suelta en ocho segundos. Repítelo una vez más.

Deja que tu respiración entre en un ritmo cómodo y constante. Debe ser más profundo que al principio; encontrarás el ritmo naturalmente. No debes forzarte a seguir ningún patrón; tú existes perfectamente tal y como eres. Tómate unos momentos y concéntrate en tu cuerpo; nota lo que sientes. Si aparece cualquier negatividad o incomodidad, regístrala, pero no te quedes con ese pensamiento. Suéltalo y pasa al siguiente, como si hicieras un inventario. ¿En qué parte de tu cuerpo te sientes más fuerte y resistente? ¿Dónde sientes dolor? ¿En qué parte tus músculos se sienten tensos y presionados? ¿Cómo te sientes cuando estás sentado y qué asociaciones haces en la mente?

Ahora es momento de invitar a Uriel a la conversación. Repite su nombre en tu mente en las próximas dos respiraciones. Toma aire en cuatro segundos, aguanta durante siete y suéltalo en ocho. Comenzarás a sentir su poderosa aura roja a tu alrededor. Uriel está aquí y está ansioso por ayudarte. Cuéntale todas las cosas con las que tienes dificultades mientras realizas tus próximas respiraciones.

Siente cómo Uriel coloca sus brazos sobre ti y te rodea en un reconfortante abrazo junto con tus manos. También podrás sentir sus alas a tu alrededor, que te protegen de la negatividad y de las distracciones externas. Él es firme, fuerte y paciente. Su aura se funde con la tuya, te llena de su luz granate y te provee de sabiduría y conocimiento innatos. En este momento, sabes que eres una creación divina que fue creada a imagen y semejanza de Dios. Sabes que Dios no comete errores y que la forma en que la sociedad ve tu cuerpo no importa. Sabes que tu cuerpo es un hogar de amor y belleza, más allá de su forma.

Cuando te digas estas afirmaciones positivas a ti mismo, Uriel las dirá contigo, reforzará esa afirmación en tu corazón y la convertirá en una verdad absoluta. Comencemos.

Mi peso no tiene nada que ver con mi belleza. No necesito verme de una cierta manera para ser una persona hermosa. Las perspectivas externas de mi cuerpo no afectan lo que valgo. Estoy hecho de manera perfecta. Respeto mi cuerpo y todo lo que hace por mí. Reconozco mi fuerza y mi flexibilidad. Merezco amor y respeto sin importar la forma de mi cuerpo. Las expectativas de la sociedad sobre mi género no me afectan.

Comienza a despertarte. Mueve el cuerpo de a poco. Mueve los dedos de los pies y estira los pies. Mueve los dedos y quita las palmas de los hombros. El conocimiento de Uriel se queda contigo mientras él se desenvuelve y quita sus alas de tu cuerpo, te da paz mental y aceptación de ti mismo. Ahora, puedes abrir los ojos.

## MEDITACIÓN PARA ENCONTRAR EL RUMBO

Si te sientes perdido, confundido o sin dirección, hasta las decisiones más pequeñas pueden ser difíciles. Sabemos que fuimos creados para cumplir una misión personal para Dios, pero no sabemos por dónde empezar o qué hacer. Es una forma de vivir frustrante y deprimente. Por suerte, Dios ve nuestras luchas y creó ángeles diseñados específicamente para ayudar a las personas a encontrar su rumbo. ¡Uriel es uno de esos ángeles! Como todo un experto, él guía a las personas hacia sus destinos y es capaz de hacerlo de una forma paciente y amorosa. Si te gustaría recibir sus consejos para poder completar tu misión divina, intenta esta meditación.

En esta meditación dejarás que Uriel te guíe a través de una serie de imágenes diseñadas para darte una idea de tu destino definitivo. Para comenzar, ponte cómodo; puedes recostarte, sentarte de piernas cruzadas o relajarte en una silla. En esta meditación nos enfocaremos en reparar el chakra del corazón. Si lo prefieres, comienza sosteniendo una piedra como el cuarzo rosa, la rodocrosita, la esmeralda o la rodonita. Estas piedras son conocidas por tener un efecto poderoso sobre el chakra del corazón, así que pueden ayudarte a facilitar el proceso (Ancillette, 2020). Si decides usar una de estas piedras, puedes ubicarlas frente a ti, sostenerlas en la mano o ubicarlas sobre el chakra del corazón si estás recostado. Usar un collar con una de estas piedras es otra forma sencilla de mantenerla cerca de tu corazón.

Controla tu respiración. Toma aire en cuatro segundos, aguanta la respiración por siete segundos y exhala durante ocho segundos. Repite. Deshazte de cualquier pensamiento persistente que tengas sobre tu día; te harás cargo de ellos después. Ahora es momento de relajarse. Toma aire de nuevo en cuatro segundos, aguanta durante siete y suelta el aire en ocho. Respira una vez más y deja que tu respiración retome su ritmo natural.

En tu mente, imagina que extiendes tu mano a Uriel y dejas que él la tome. Sentirás su energía casi terrenal alrededor de la palma y los dedos de tu mano mientras la toma con suavidad. Quédate aquí unos instantes mientras respiras profundamente una vez más. Toma aire en cuatro segundos, aguanta durante siete y suelta el aire en ocho. Si tienes alguna pregunta específica a estas alturas, tal como "Uriel, ¿qué quiere Dios que haga?" o "Uriel, ¿cuáles serán las consecuencias de esta inminente decisión en mi carrera?", ahora es el momento de hacerla. Si no tienes una pregunta en mente, siempre tienes la opción de quedarte en silencio y dejar que Uriel te diga lo que cree que tienes que saber.

Presta atención a tu entorno mientras visualizas a Uriel tomando tu mano y guiándote alrededor del espacio. Relájate y respira. Es muy probable que al principio el entorno se vea negro. Confía en Uriel para que te guíe aún más hacia la oscuridad y ten presente que no estás solo en este recorrido. Toma aire en cuatro segundos, aguanta durante siete y suelta el aire en ocho.

Comenzarás a sentir más. Elige cualquier imagen, emoción, energía o sonido que se relacione con la pregunta que hiciste. Ten la mente abierta, escucha y relájate. Presta atención a lo que sientes. ¿Qué tipo de imágenes aparecen en tu mente? ¿Qué emociones surgen en tu interior? ¿Qué sentimientos adquieres de Uriel? ¿Está preocupado? ¿Feliz? ¿Optimista? ¿Sientes su voz de alguna manera? ¿Qué está diciendo?

Quédate en este lugar todo el tiempo que necesites. Cuando estés listo, podrás regresar al mundo físico moviendo las manos, los pies y el cuello. Si necesitas más tiempo, mantente en esta mentalidad y escucha. Préstale mucha atención a tu mente y tu cuerpo. Siempre puedes hacer una meditación aparte más adelante, en la que le harás preguntas a Uriel sobre lo que estás sintiendo, pero primero debes experimentarlo.

## 7
# SUEÑOS, CRISTALES Y VELAS

SUEÑOS

Por lo general, nuestros sueños son misteriosos, abstractos y efímeros. Suele ser difícil recordar nuestros sueños más impactantes, incluso si son aterradores o conmovedores en ese momento, y para muchos de nosotros puede ser algo frustrante. Sin embargo, con un poco de trabajo extra, podemos comenzar a usar nuestros sueños como otra forma de comunicarnos con los ángeles como Uriel.

Primero, puedes tener un cuaderno y un lápiz cerca de la cama. Sería una pena recibir un sueño importante de Uriel y olvidarnos de él por completo cuando nos despertamos, ¡así que escríbelo apenas te despiertes! Si planeas trabajar seguido con tus sueños, considera tener un diario de sueños para llevar un registro de las imágenes recurrentes.

Esos instantes antes de quedarte dormido son tu única oportunidad para comunicarte con los ángeles. ¡Tienes que aprender a usar ese tiempo sabiamente! Primero, recuéstate en la cama y asegúrate de adoptar una posición cómoda. Minimiza las interrupciones: pon tu teléfono en silencio y apaga el resto de los dispositivos electrónicos. A medida que comienzas a relajarte, comienza a invocar a Uriel diciendo su nombre y notarás que su aura roja comienza a rodearte. Enfócate en esa sensación y exprésale tu intención. Tal vez solo quieras invitarlo a entrar a tus sueños e influir sobre ellos como se le plazca, pero también puede ser que tengas una pregunta para Uriel que quieres que te explique mientras duermes. Este es el momento de expresar todo lo que tienes para decirle.

Una vez que hayas dicho todo lo que necesitabas decir, aférrate a su aura mientras te adormeces. No te centres demasiado en esa sensación que no te deja dormir, pero déjala en el fondo de tu mente. Disfruta de la seguridad que Uriel te concede.

Al despertar, busca tu cuaderno o diario de sueños. Anota en él todas las imágenes, los eventos o las emociones que tuvieron lugar en tus sueños. Si hay algo que se destaca o parece similar a sueños anteriores, puedes investigar la imagen y lo que podría llegar a significar. Si algo de lo que presenciaste es confuso, siempre puedes meditar con Uriel mientras estés despierto y pedirle una aclaración. Si no soñaste nada o no recuerdas lo que soñaste, es probable que Uriel te haya sanado mientras duermes o realizó algún otro milagro que no requería tu comprensión inmediata. Escribe cómo te sentiste cuando te despiertes para ver si te han concedido una energía, perspectiva o inspiración renovadas (Beckler, 2017).

## CRISTALES

Los cristales son un método antiguo para conectarte con el universo y el poder en nuestro interior. Como muchas personas que trabajan los ángeles han notado, también pueden ser una forma fantástica de canalizar la energía de cualquier ángel. Mediante el uso de las piedras, puedes comenzar a canalizar la frecuencia de un ángel sin siquiera pensar en ello. A continuación veremos algunas de las piedras conocidas por compartir una frecuencia con Uriel:

- **Hematita:** La hematita es una piedra negra que está fuertemente conectada a la Tierra y al plano astral, lo cual la convierte en una buena representante del poder de Uriel. Absorbe y destruye la negatividad, así que es una de las favoritas entre los sanadores y los trabajadores de energías. La hematita puede usarse en la meditación para eliminar dolencias mentales, o puedes frotarla sobre el cuerpo para aliviar dolores corporales (Acone, 2010).

- **Obsidiana:** La obsidiana es un cristal volcánico, es decir, que fue creada a partir de la lava. ¡Si la lava entra en contacto con el agua y se enfría rápidamente, crea una hermosa roca con manchas blancas llamada obsidiana nevada! Más allá de la forma de obsidiana que uses, la piedra está asociada con la Tierra y tiene poderes fuertes y protectores. Como guardián del Jardín del Edén, Uriel está fuertemente asociado con esta roca (Acone, 2010).
- **Ojo de tigre:** El ojo de tigre es una hermosa piedra conocida por sus líneas doradas y marrones. Contiene una energía solar muy potente que le otorga una conexión a la naturaleza de luz y verdad de Uriel. El ojo de tigre también es famoso por conceder una explosión de energía en tiempos de cansancio y estrés, así que puede potenciar tu productividad por un gran margen (Acone, 2010).
- **Ámbar:** El ámbar es una de las piedras más comunes asociadas con este arcángel. De hecho, es resina de árbol fosilizada, lo cual lo asocia a la flora, a la Tierra y a todas las cosas que crecen. El ámbar también puede ayudarte a crecer porque promueve la transformación. Se suele usar esta piedra para transmutar la energía negativa en positiva (Sheri, 2019).

Para usar una piedra de forma exitosa, debes limpiarla con frecuencia para asegurarte de que las energías externas no queden atrapadas en ella. Para hacerlo, puedes dejar la piedra a la luz de la luna o en agua, puedes pasarla a través de humo o puedes soplarla. Después de que hayas limpiado adecuadamente tu piedra, sostenla en tu mano mientras meditas o tenla contigo en tu bolsillo a lo largo del día. Hacer esto te permitirá canalizar a Uriel mientras realizas tus tareas cotidianas. Después de llevar contigo una obsidiana o un ámbar unas semanas, sin duda notarás un aumento en tu energía (Beckler, 2017).

## VELAS

Como Uriel es el ángel de la luz, las velas pueden ser una herramienta particularmente útil al momento de comunicarse con él. ¡Son extremadamente fáciles de usar y pueden amoldarse a lo que necesite tu espíritu!

A pesar de que la llama en sí misma es suficiente para invocar la energía de Uriel, el color de la vela propiamente dicho es importante para expresar tu intención. Si apuntas a usar la vela como una herramienta para comunicarte con Uriel, el color perfecto es el rojo. El rojo está conectado al chakra de la raíz, el cual nos mantiene conectados y con los pies en la tierra, así que una vela roja simboliza tanto la naturaleza terrenal como la naturaleza de luz de Uriel. Sin embargo, si quieres traer un problema en particular a la atención de Uriel, puedes combinar el color de la vela con lo que necesites.

- **Amarillo:** Usa este color para cualquier problema relacionado con tu poder personal y sentido de identidad. El amarillo viene muy bien para los problemas con la imagen de uno mismo.
- **Verde:** El verde es ideal para la sanación, ya sea que quieras sanar el cuerpo, la mente o el espíritu.
- **Violeta:** Usa una vela violeta si quieres que Uriel te ayude en tu camino espiritual o en cualquier tipo de cambio interno.
- **Negro:** Aunque se vea siniestro, el negro es un color de protección y puede concederte fortaleza.
- **Naranja:** Si necesitas ayuda para encender tu creatividad, usa una vela naranja. Uriel se ocupará de ello para darte algunas ideas.
- **Blanco:** Si no tienes velas en ninguno de los demás colores, puedes usar una vela blanca como sustituto y establece una intención personal. También puedes usarla como una vela purificadora total para intentar remover la negatividad de tu aura.

Una vez que ya hayas elegido el color de tu vela, podrás incorporarla a tus meditaciones. Muchas personas descubren que solo observar la llama puede hacer que las ideas y las imágenes exploten en su mente, ¡así que vale la pena intentarlo si quieres sentir algo de energía poderosa! También puedes escribir una intención en un trozo de papel y luego quemarlo con tu vela para desterrar o manifestar una idea de tu elección (Green, 2018).

## 8
# OBSERVA A URIEL EN EL MUNDO QUE TE RODEA

Los ángeles se mueven a nuestro alrededor todo el tiempo sin que nos demos cuenta. Tal vez evitaron un accidente de auto camino al trabajo en la mañana, tal vez llevaron tu atención a un hermoso rayo de sol o tal vez te hicieron pensar en algo importante al momento de tomar una decisión. Los ángeles tienen una influencia mucho mayor sobre los pequeños sucesos de nuestro mundo de lo que la mayoría de la gente les atribuye, y los arcángeles suelen liderar estas acciones. Cuando reconozcas que un arcángel está presente en el mundo que te rodea, aprenderás a apreciar las pequeñas cosas de la vida y serás más consciente. Verás más belleza, luz y paz en la creación de Dios y verás con más claridad el lugar que ocupas en ella.

La mayoría de las personas declara que la influencia de Uriel suele ser sutil. Cuando influye sobre las artes y las ciencias, él deja una idea en la mente de alguien y luego se va, lo cual le permite pensar que la idea vino por sí sola. También puede influir nuestros instintos e intuición de una forma apacible. Con frecuencia, Uriel nos da un empujoncito en la dirección correcta sin llamar la atención, lo cual le otorga un aire de introversión y humildad (How to Recognize When Archangel Uriel is Present [*Cómo reconocer cuando el Arcángel Uriel está presente*], 2017).

A pesar de la naturaleza tranquila de Uriel, podemos aprender a reconocer su presencia mientras continuamos con nuestra rutina diaria. Si buscas señales en la naturaleza, en tu propia mente y en algunos símbolos únicos, ¡podrás darte cuenta de que Uriel nos ayuda a lo largo de nuestras vidas y sabrás que nunca estamos realmente solos!

## ENCUENTROS CON ANIMALES

Como es el arcángel conectado con el elemento Tierra, Uriel trabaja con la naturaleza y los animales como una forma de comunicarse con nosotros. Si vives en un lugar en el que no tienes mucho contacto con la vida silvestre, presta atención cada vez que veas algún animal. Si vives en el campo, presta atención cuando veas animales en un lugar fuera de lo común o en momentos cruciales, como cuando estás yendo a una entrevista laboral o estás pensando una decisión importante. Aquí tienes algunas interpretaciones de típicos encuentros con animales:

- **Gatos:** Si te has cruzado recientemente con un gato callejero, Uriel puede estar diciéndote que es momento de tomar un riesgo importante. ¿Hay algo de lo que te reprimes porque la idea de hacerlo te da ansiedad? ¡Averígualo y ve a por ello!
- **Ciervos:** Los ciervos poseen una energía distintiva de cada género. Una cierva representa la feminidad divina, mientras que el ciervo representa la masculinidad divina. Por lo tanto, ver una cierva puede significar que debes ser más amable con los demás o contigo mismo, mientras que ver a un ciervo puede significar que recibirás empoderamiento y un empujón hacia adelante.
- **Conejos:** Un conejo debe tomar decisiones rápidas para poder sobrevivir, lo cual lo convierte en el oportunista definitivo. Si ves un conejo en algún lugar extraño, Uriel puede estar diciéndote que es momento de embarcarte en una oportunidad importante.
- **Cuervos:** El cuervo, casi tanto como la carta de la Muerte del tarot, suele estar asociado con la tristeza y el dolor, pero en realidad representa un cambio. A veces se necesita desesperadamente un cambio, pero no necesariamente trae la muerte. Es muy probable que Uriel te esté diciendo que necesitas cambiar pronto algún aspecto de tu estilo de vida.
- **Halcones:** El halcón observador depende de su vista para hacerse

camino en la vida, así que, si ves uno, puede ser una señal de que debes dar un paso atrás y analizar tu situación. Te estás perdiendo de un detalle importante y tienes que volver al punto de partida.

(Spirit Animal Meanings, Encounters & Symbolism [*Espíritu animal: significados, encuentros y simbolismo*], s.f.).

## NÚMEROS REPETIDOS

Como patrocinador de los artistas y los científicos, las matemáticas son integrales a la labor de Uriel. Es probable que ver un número una o dos veces sea solo una coincidencia, pero si ves un número varias veces a lo largo de unas semanas o incluso meses, puede ser una señal de que Uriel maneja los hilos detrás de escena. A Uriel también se lo asocia con números y patrones específicos, así que mantente alerta si ves los siguientes números:

- **111 O 1111.** ¿Acaso siempre ves la hora 11:11 en el reloj? ¿Muchas de tus compras tienen un total de $11.11? ¿Quizás el número 11 es relevante en el día o el mes de tu cumpleaños? El número 111 o 1111 es considerado el número de Uriel ¡y es una señal poderosa de que está intentando comunicarse contigo! Tal vez está presente específicamente en tu carrera en este momento o te está alentando a sentarte y reflexionar. ¿Acaso todas tus relaciones personales son satisfactorias? ¿Te gusta tu trabajo? ¿Disfrutas del rol que cumples en tu familia? Observa tu estilo de vida y fíjate qué cosas puedes cambiar para mejor (111 Angel Number (Uriel): Angel Numbers [*111, Número del ángel (Uriel): Números de los ángeles*], s.f.).
- **2.** En el mundo de la numerología, repetir el número uno equivale al número dos. Esto quiere decir que, si ves el número dos con muchísima frecuencia en tu vida cotidiana, tiene un significado muy similar al 111 o 1111 (Bender, 2019).

## INSTINTOS E IDEAS

Por último, es importante recordar que Uriel es el ángel del conocimiento y la sabiduría, sobre todo cuando se trata del progreso de la humanidad.

Cuando Uriel encuentre una oportunidad para contribuir a tu desarrollo integral, ¡te lo hará saber! Puedes recibir esta influencia de muchas maneras, así que presta atención a las siguientes sensaciones:

- **Confianza repentina.** Muchos creyentes afirman que contar con la sabiduría de Uriel les da un impulso extra de confianza, sobre todo si suelen tener problemas con su propia imagen. Si alguna vez sientes una ráfaga de confianza cuando estás pensando en una idea, ¡Uriel te está diciendo que vayas a por ello!
- **Chispas de inspiración.** ¿Alguna vez se te han ocurrido ideas en los momentos más extraños, sobre todo si no estabas haciendo una lluvia de ideas? ¡Es probable que Uriel esté detrás de todo esto! Incluso si la idea no resulta, a Uriel le gusta darnos un empujoncito en la dirección adecuada.
- **Deseo de ayudar y servir.** El progreso de la humanidad depende de nuestra capacidad de ayudarnos los unos a los otros, y Uriel estará ansioso de avisarnos cuando esto sea posible. Si alguna vez sientes un deseo repentino de ayudar a alguien, entregarte a una causa o acercarte a una caridad, Uriel quiere que ayudes de la forma en que puedas (Hopler, 2019).

## ❦ 9 ❦
# ESCRIBE UNA CARTA A URIEL

S i alguna vez has tenido un amigo por correspondencia, seguro ya conoces la intimidad y la emoción que ponemos en las cartas. En una época en la que los mensajes de texto y los correos electrónicos son la norma, escribir a mano una carta y enviarla puede ser un respiro. ¡Hasta esperar una respuesta le pone más emoción a nuestros días! Si nunca has tenido la oportunidad de escribirle a un amigo por correspondencia, te espera una sorpresa: ¡puedes sentir la misma emoción cuando le escribas a Uriel! Escribir también es un arte, así que él definitivamente apreciará el esfuerzo que has puesto en ella y hasta te dará una respuesta. En este capítulo, hablaremos de cómo escribir tu carta, veremos un breve ejemplo y discutiremos cómo recibir una respuesta.

### CÓMO ESCRIBIR LA CARTA

¡Lo más importante de escribir una carta es que tiene que ser genuina! El contenido de tu carta no importa, siempre y cuando lo hagas con sinceridad. Puedes hacer la pregunta que quieras, hablar sobre las cosas que te molestan o cualquier otra cosa que harías con un amigo. ¡Después de todo, Uriel es tu amigo!

Muchas personas recomiendan que escribas la carta justo antes de irte a dormir, en caso de que la respuesta de Uriel aparezca en un sueño. Si te gusta trabajar con los sueños o sueles recibir mensajes a través de ellos, esta es una excelente opción para ti.

Escribe la carta de la forma en que lo harías normalmente: escribe a quién va dirigida la carta y coloca la fecha en la que la escribes. Incluye algún encabezado que se sienta bien para ti, como "Querido Uriel" o "Mi amigo Uriel". Luego, escribe todo lo demás. Puede ser tan largo o corto como quieras que sea. Uriel leerá todo, ¡incluso si le escribes una novela! Tal vez puedas sentir su presencia mientras escribes o puedas percibir que él te está mirando. Esperará pacientemente hasta que tu carta esté terminada para poderla leer por su cuenta.

Cuando hayas terminado el cuerpo de la carta, coloca tu nombre al final y ponla en un sobre. También puedes escribir "Para Uriel" en el anverso del sobre como una forma de dirigirte a él y asegurarte de que ninguna otra entidad la abra por accidente. ¡Deja la carta en tu mesa de luz y observa lo que sucede en tus sueños!

## EJEMPLO DE UNA CARTA

Si tienes problemas para escribir tu carta o no sabes qué poner en ella, decidí incluir este ejemplo. Como es una carta de ejemplo, es bastante corta, pero recuerda que puede ser tan larga como necesites que sea.

*20 de septiembre de 2020*
*Querido Uriel:*
*¡El mundo sí que está loco últimamente! Gracias por tomarte el tiempo de leer esta carta entre todas tus otras labores.*
*La última vez que hablamos, te dije que había estado pensando en buscar un nuevo apartamento pronto. Te encantará saber que seguí tus consejos y estoy buscando un nuevo empleo primero, pero ahora me encuentro en una situación complicada. Hay un empleo que me gusta mucho y soy optimista respecto de ello, ¡pero no he obtenido una respuesta hace tiempo! Tengo que admitir que soy un poco impaciente. Estoy pensando que debería solicitar otros empleos en caso de que no obtenga este, pero también me pregunto si solo debería ser paciente y esperar el empleo que realmente deseo.*
*¿Qué piensas, Uriel? ¿Acaso mi impaciencia es una señal de que debería buscar en otra parte, o debería esperar un poco más?*
*Con mucho amor,*

*Angela Grace*

SEGUIMIENTO

Después de escribir tu carta, ten tu diario de los sueños cerca en caso de que despiertes con un nuevo entendimiento. También debes prestarle atención a lo largo de tu día a cualquier señal o emoción nueva que Uriel usa para comunicarte su respuesta. Si estás confundido respecto de su respuesta, siempre puedes meditar después de completar la carta para pedir alguna aclaración. Luego de que escuches su respuesta, es buena idea darle las gracias en forma de una breve plegaria o con otra carta.

Si lo deseas, también puedes incluir un poco de magia de las velas en este ritual. Muchas personas prefieren quemar sus cartas como un símbolo de que está siendo enviada al arcángel, y esto puede hacerse a la mañana o a la noche. Considera combinar el color de tu vela con la de la intención de tu carta para cargarla con algo de poder extra. Si decides quemar la carta, te recomiendo que escribas un diario en donde lleves un registro del contenido de la carta, así también como la respuesta que has recibido de Uriel. Esto te ayudará a reconocer los patrones en su comunicación y a ser más receptivo en un futuro a las respuestas. Si no, siéntete libre de aferrarte a tus cartas para guardarlas en un lugar seguro (Guidance From Angels [*La guía de los ángeles*], 2015).

## 10
# REIKI CON EL ARCÁNGEL URIEL

¿QUÉ ES EL REIKI?

El reiki es una técnica japonesa creada por un hombre llamado Mikao Usui en 1914, la cual le permite a una persona canalizar la energía de sanación para ella misma y para los demás. Su nombre se compone de dos palabras: *rei*, que significa "poder superior", y *ki*, que significa "energía de fuerza vital". Al combinarlas, observamos que el reiki involucra usar el poder del universo y de Dios para sanar la fuerza vital. Es posible certificarse y convertirse en un maestro reiki, pero no depende de la afinación espiritual o de las habilidades, por lo que está disponible para personas de todo tipo.

En general, el reiki se completa al canalizar la energía a través de las manos, como ya lo hemos hecho en otros ejercicios. Un sanador reiki puede ubicar sus manos en un chakra en particular para sanarlo, pasar sus dedos por el aura del paciente para purificarla, o acumular la energía del aire que lo rodea en las palmas de sus manos. En ocasiones, una sesión puede tener cualidades tranquilizantes, además de sanadoras.

Aunque se suele asociar al reiki con las creencias orientales o las prácticas de la Nueva Era, en realidad no está asociado a una sola religión. De hecho, hasta los ateos usan y disfrutan del reiki. El reiki implica usar el poder del universo, ya sea que lo veas como una energía o una entidad. Mikao Usui ha expresado que el único ideal necesario para la práctica del reiki es un deseo de promover la paz, algo que apoyan personas de todas las creencias.

A pesar de que los maestros reiki recomiendan usar esta práctica junto con la medicina moderna, existen instancias de sanaciones milagrosas mediante el uso del reiki. Es un arte poderoso que no debe tomarse a la ligera (What Is Reiki? [*¿Qué es el reiki?*], 2019).

Sin embargo, no te preocupes. Puedes pedirle a Uriel que te guíe en cada movimiento y se asegure de que lo estás haciendo bien. Mediante el reiki, te convertirás en un sanador poderoso para ti mismo y para tus seres queridos.

## INCORPORA LA AYUDA DE URIEL

Si recién comienzas con el reiki, pedirle ayuda a Uriel puede ser una forma fantástica de entender cómo funciona. Como el resto de los ángeles, es un experto en canalizar la energía todopoderosa de Dios, así que puede ser de gran ayuda para un principiante. Sin embargo, si has estado practicando reiki durante un largo tiempo, tal vez notes algunos beneficios únicos cuando usas la ayuda de Uriel en tus prácticas.

Para esta práctica, puede resultar útil pensar en los ángeles como un fragmento de Dios. Cada ángel representa un aspecto de su personalidad y es capaz de realizar la labor que se le ha encomendado a la perfección, gracias a que la mano de Dios está en el proceso. Los arcángeles son especialmente poderosos y cada uno de ellos tiene su propia tarea: Rafael sana, Azrael trabaja con las almas de quienes han fallecido y Uriel vigila y enseña. Si te acercas específicamente a Uriel y canalizas su energía a nombre de alguien más, puedes ayudar a proteger a esa persona o disipar la confusión.

### *Tejido de luz*

He descubierto que la técnica del tejido de luz es especialmente poderosa cuando se la usa en conjunto con la energía de Uriel. Como se centra en la luz, ¡no es una sorpresa! Con esta técnica, realizamos un tejido de luz divina con la intención de proteger a una persona o lugar de las energías. En el caso de Uriel, este tejido te defenderá de las distracciones, la confusión y el desorden mental.

Comienza invocando a Uriel. Di su nombre y exprésale que necesitas su ayuda con esta sanación reiki. ¡Asegúrate de expresar tu intención de forma directa! Puedes tener un objetivo particular en mente, tal como "deseo proteger este espacio de las distracciones cuando trabajo", pero también puedes dejar abierta la intención y dejar que Uriel decida lo que hace falta en ese momento. Apenas sientas su presencia y expreses tu intención, canaliza su frecuencia a través de tu chakra del corazón, tus brazos, tus manos y hasta los dedos de los pies. Imagina la luz de Uriel que sale de la yema de tus dedos y crea unos largos hilos que puedes manipular.

Después, pídele a Uriel que guíe tus manos mientras comienzas a armar el tejido en el aire. Tal vez notes que Uriel te alienta a realizar grandes movimientos circulares, o tal vez notes que la situación requiere de un toque más pausado y sutil. Haz lo que se sienta mejor para ti, porque ese es el consejo de Uriel. Puedes realizar el tejido directamente en frente a tu objetivo, a algunos metros de distancia, o puedes apoyar una mano sobre la persona o el objeto que quieres proteger mientras la otra mano teje. También puedes usar el tejido como una forma de cerrar heridas físicas o reparar un chakra afligido.

El resultado será un tejido rojo embebido de energía poderosa y protectora, diseñado específicamente para defenderte de la energía que tú quieras. Siéntete libre de repetir esta actividad varias veces para fortalecer el tejido y renovar sus habilidades. Después de tener el tejido durante un tiempo, tú o tus seres queridos definitivamente sentirán un cambio positivo en sus emociones y su confianza (Shewmaker, 2019).

### *Tirones de energía*

La técnica de los tirones de energía es una técnica sencilla en la que el practicante de Reiki literalmente tira la energía no deseada del aura de su cliente o de él mismo. Suele hacerse sin la ayuda de los ángeles, pero tenerlo a Uriel como guía puede mejorar la calidad de la sesión, sobre todo si la intención es remover sentimientos de vacilación o duda o los bloqueos creativos.

Al igual que con el tejido de luz, invoca a Uriel y dile la energía que tienes la intención de remover. Pídele que guíe tus manos mientras usas tus dedos para pellizcar y tirar del aura de tu preferencia. ¡Él te guiará hacia los lugares correctos y se asegurará de que estás removiendo lo que debes remover! La gran ventaja de contar con la ayuda de Uriel en esta técnica es que él posee un vasto conocimiento que nosotros no poseemos y sabe qué ayudará a largo plazo. Tal vez no comprendamos nuestro propósito, ¡pero Uriel sí!

Como con el reiki en general, puede que debas repetir la sesión un par de veces para obtener mejores resultados, pero tú o tus seres queridos se sentirán mucho más libres incluso después del primer intento. ¡Con Uriel junto a ti puedes lograr grandes cosas!

## II
# PASA TIEMPO CON URIEL

"Tomé la palabra y le dije: ¿Cuándo, pues, en qué época llegará esto?, pues nuestros días son poco numerosos y malos. [Uriel] Me respondió: No te corresponde a ti apresurarte más que el Altísimo: te precipitas a causa de él; el Altísimo se precipita a causa de un gran número. [...] Pues el siglo será pesado en la balanza; ha medido el mar con una medida; no se callará y no despertará hasta que la medida que le ha sido acordada sea llenada" (Esdras IV 4:33-37).

Este extracto de una conversación entre Esdras y Uriel, aunque en el contexto del texto entero parece bastante corto, revela un montón sobre la naturaleza de los ángeles y de su creador. Aunque solemos imaginarnos a los arcángeles como seres intocables a los que solo debemos acudir en caso de eventos revolucionarios, Uriel destaca que Dios (y por ende el mismísimo Uriel) trabaja cuidadosamente con cada persona para asegurarse de que todo suceda en el momento correcto. Para poder alcanzar la imagen superior de la creación de Dios, es importante ser una persona meticulosa y enfocada en los detalles.

Para quienes trabajan con los ángeles, esto significa algo muy especial: ¡somos capaces de invocar a Uriel y sus hermanos arcángeles en cualquier momento que lo necesitemos! Cada una de nuestras acciones tiene consecuencias y puede crear un efecto mariposa, así que tiene sentido comunicarnos con los seres superiores incluso por las pequeñas cosas que ocurren en nuestras vidas. Cuando lo hacemos, contribuimos al bien común de una forma más efectiva.

En este capítulo final, aprenderás a fomentar una relación amorosa con Uriel al incluirlo en tu vida cotidiana. A pesar de que existen muchas formas de personalizar este proceso, compartiré contigo algunas formas comunes entre los trabajadores de los ángeles, para que puedas tener una mejor idea de cómo comenzar.

## MOMENTOS HERMOSOS

En la cultura judía, es tradición decir una breve plegaria a Dios después de haber visto algo particularmente bello. ¡Una gran forma de mostrar gratitud por las pequeñas cosas de la vida y aprender a observar los momentos hermosos! Hay una hermosa bendición que se dice al ver un arcoíris: "Bendito eres Tú, Adonai nuestro Dios, Rey del Universo, que recuerda el Pacto, es fiel a Su Pacto, y guarda su promesa" (en hebreo, *"Barukh atah Adonai Eloheinu melekh zokher hab'rit v'ne'eman bivrito v'kayam b'ma'amaro"*). Sin embargo, cuando vemos algo hermoso que no tiene asociado una bendición específica, como un tierno gatito sentado bajo el sol de la mañana o niños jugando, simplemente podemos decir "Bendito eres Tú, Adonai" (*Barukh atah Adonai*) (MJL, s.f.).

Aunque las bendiciones formales deben reservarse para el mismísimo Dios, podemos usar un concepto similar para ayudarnos a conectar con Uriel en las pequeñas cosas. Piensa en todas las tareas que sabemos fueron encomendadas a Uriel: la sabiduría, el conocimiento, el aprendizaje, la luz, la Tierra, el arte, la ciencia y la protección. Si ves que alguno de estos elementos representados frente a ti, adelante, di una breve plegaria a Uriel. ¡No tiene que ser complicado! Un sencillo reconocimiento de su trabajo es más que suficiente. Aquí tienes algunos ejemplos que puedes usar en situaciones a las que te enfrentas:

- "Gracias, Uriel, por este estallido de inspiración".
- "Gracias, Uriel, por protegerme en este momento".
- "Uriel, gracias por darle talento e inspiración a este gran artista".
- "Uriel, gracias por ayudar a que nuestra Tierra prospere".

## DESAHOGO

¿Alguna vez te has desahogado por mensaje de texto a tus amigos? Puede ser todo un alivio. A veces, todo lo que necesitamos hacer es quejarnos sobre nuestro día para poder sentirnos mejor. Contarle a alguien más las cosas por las que pasamos nos hacen sentir apreciados y comprendidos. ¡Nunca te olvides de que también puedes desahogarte con Uriel si lo necesitas!

A menudo me gusta usar los momentos tranquilos durante mi viaje al trabajo o durante las horas de trabajo para desahogarme con mis arcángeles. Siempre estamos dialogando con nosotros mismos en los viajes largos, en los días lentos en la oficina o mientras hacemos mandados, así que ¿por qué no invitas a Uriel a formar parte del diálogo? Es fácil incluirlo en la conversación. Simplemente dirígete a él cuando comiences a pensar y él comenzará a escuchar. Es probable que percibas su presencia o al menos sientas que él está escuchando.

Cuando hables con Uriel, asegúrate de prestar atención a tu entorno en caso de que él decida enviarte una señal en ese momento. Un encuentro con un animal, la aparición del número 111 o toparse con una persona necesitada puede ser una señal importante del arcángel. Sin embargo, no te desanimes si no ves ninguna señal. Uriel escogerá alguna otra forma de responder y ayudarte, incluso si está trabajando detrás de escena.

# CONCLUSIÓN

Aunque nuestro mundo puede estar lleno de engaños, ideas erróneas y negatividad, no tenemos que enfrentarlo en soledad. Podemos seguir adelante con confianza, sabiendo que Uriel nos cuida las espaldas. Con su ayuda, podemos lograr un mejor entendimiento de la intención que Dios tiene para nosotros y cumplir ese propósito con la menor cantidad de estrés. Y no solo eso, ¡también podemos ganar un amigo valioso!

Ahora que sabes cómo escuchar la voz de Uriel, cómo buscarlo en el mundo que te rodea y cómo acceder a él a través de diferentes actividades, estará disponible para ti en todo momento. A Uriel no le importa si has tenido un pasado difícil, un presente tumultuoso o miedo de lo que suceda en el futuro. Está aquí para ti sin importar lo que pase, y sus consejos serán muy valiosos para seguir adelante. Espero que este libro te haya dado la confianza en ti mismo que necesitas para contactar a Uriel sin miedo o vergüenza, y yo estaré rezando para que él pueda comunicarse de forma eficiente contigo. Te mereces esta influencia positiva en tu vida y estás dispuesto a aceptarla con entusiasmo.

Como ahora sabes, Uriel es capaz de concederte la guía y el conocimiento que te permite ser más productivo y tener más inspiración en tu trabajo. Con su ayuda, serás capaz de contribuir más a la evolución integral de nuestra

## CONCLUSIÓN

especie, lo cual te dará una increíble sensación de logro y satisfacción. ¡Sentirás un aumento en tu energía, tu motivación y tu esperanza!

Al igual que con los demás arcángeles, debes dedicarle algo de tiempo a conocer a Uriel antes de intentar conectarte con otro arcángel. Si no, los mensajes pueden ser confusos y puede ser difícil diferenciar las energías de los arcángeles. Sin embargo, después de que conozcas bien a Uriel, espero que estés dispuesto a echarle un vistazo a los otros libros de la serie *Arcángeles* para continuar con tu camino espiritual. Todos los arcángeles ofrecen servicios únicos, así que tendrás una experiencia más completa si te acercas a todos ellos. ¡Sería un gran honor presentártelos!

¡Buena suerte, y espero que disfrutes de la sabiduría de Uriel!

# REFERENCIAS

111 Angel Number (Uriel): Angel numbers. (n.d.). https://askastrology.com/numerology/angel-numbers/111-angel-number-uriel/

Acone, S. (2010, March 1). Crystals to help connect with archangel Uriel. https://www.healingcrystals.com/Crystals_to_help_connect_with_Archangel_Uriel_Articles_1792.html

Ancillette, M. (2020, September 14). 9 powerful stones & crystals for the heart chakra. https://angelgrotto.com/crystals-stones/heart-chakra/

Angel Colors Meanings and Symbolism (Truth Revealed!). (2020, February 11). https://backpackerverse.com/angel-colors-meaning/

Aroche, C. (2018, February 7). *Archangel Raphael: Who he is and how to work with him.* [Video]. YouTube. https://www.youtube.com/watch?v=KTxlUIeZaiQ&ab_channel=CristinaAroche

Beachley, L. [Guided Meditations by Lisa Beachley]. (2015, October 20). *Archangel Raphael meditation: Heal the heartache and forgive* [Video]. YouTube. https://www.youtube.com/watch?v=MfXe6RLDs1M&ab_channel=GuidedMeditationsbyLisaBeachy

Beckler, M. [Ask Angels with Melanie Beckler]. (2017, January 15). *Archangel Raphael prayer - An angel prayer to invoke the help of Raphael the Archangel of Healing.* [Video]. YouTube. https://www.youtube.com/watch?v=_XrX86T8DyA&ab_channel=AskAngelswithMelanieBeckler

# REFERENCIAS

Beckler, M. (2020). How to invite an angel into your dreams. https://www.ask-angels.com/spiritual-guidance/angel-dreams/

Bender, F. (2019, November 29). 11/2 Life path. https://feliciabender.com/11-2-life-path/

Be Not Afraid Luke 2:1-20. (2018, December 19). https://seeyouonsunday.org/be-not-afraid-luke-21-20/

Chaignot, M. (n.d.). Angel Uriel. https://www.biblewise.com/bible_study/characters/angel-uriel.php

Cooper, D. (2020, March 29). *Day 7 - Open to health and abundance with Archangel Raphael* [Video]. YouTube. https://www.youtube.com/watch?v=yRPWkMJFFhU&ab_channel=LindaKean

Fletcher, J. (2019, February 12). How to use 4-7-8 breathing for anxiety. https://www.medicalnewstoday.com/articles/324417

Green, P. L. (2018, November 03). Uriel's candle power. https://pamsdailyangelnotes.com/2018/11/03/uriels-candle-power/

Guidance From Angels. (2015, November 26). *How to write a letter to archangels*. [Video]. YouTube. https://www.youtube.com/watch?v=yRPWkMJFFhU&ab_channel=LindaKean

Hopler, W. (2018, December 23). Rapheael, Michael, Gabriel, Uriel: Archangels of the 4 nature elements. https://www.learnreligions.com/archangels-of-four-elements-in-nature-124411

Hopler, W. (2019, January 20). How to recognize Archangel Uriel. https://www.learnreligions.com/how-to-recognize-archangel-uriel-124286

How Stuff Works Contributors. (2020, June 30). How are frequency and wavelength of light related?. Retrieved September 18, 2020 from https://science.howstuffworks.com/dictionary/physics-terms/frequency-wavelength-light.htm

How to Recognize When Archangel Uriel is Present. (2017, December 22). https://intuitivejourney.com/recognize-archangel-uriel/

Kean, L. (2016, September 28). *Archangel Raphael and Ariel healing meditation for animals | Guided meditation* [Video]. YouTube. https://www.youtube.com/watch?v=yRPWkMJFFhU&ab_channel=LindaKean

McKenzie, L. (2019, January 25). Healing and balancing your dog's chakras. https://animalwellnessmagazine.com/dogs-chakras/

MJL. (n.d.). Everyday blessings & rituals. https://www.myjewishlearning.com/article/everyday-blessings-rituals/

# REFERENCIAS

Marcin, A. (2017, October 19). Cutting the emotional cord - Step by step meditation. https://www.balancepsychologies.com/post/2017/10/19/cutting-the-emotional-cord-step by step-meditation

*New International Version.* (2011). BibleGateway.com. https://www.biblegateway.com/quicksearch/?quicksearch=Genesis&version=NIV

Palmy, C. (2020, May 01). How to cut cords with the angels. https://carolinepalmy.com/how-to-cut-cords-with-the-angels/

Sheri, R. (2019, June 26). Archangel Uriel. https://www.angelmessenger.net/archangel-uriel/

Shewmaker, D. (2019, July 11). Reiki and angels. https://www.reiki.org/articles/reiki-and-angels

Spirit Animal Meanings, Encounters & Symbolism. (2020). https://alltotems.com/

Taphorn, S. (2018, February 03). Angelic Protection – Using Shields. https://www.beliefnet.com/columnists/angelguidance/2018/02/angelic-protection-using-shields.html

The Legends of History. (2020, February 19). *Archangel Uriel: The Angel of Wisdom (Angels & Demons Explained)* [Video]. YouTube. https://www.youtube.com/watch?v=kw1UYJ24wCM&ab_channel=TheLegendsofHistory

Virtue, D. (n.d.). Life purpose meditation. https://www.mixcloud.com/hayhousemeditations/doreen-virtue-life-purpose-meditation/

What are the Catholic Apocrypha / Deuterocanonical books? (n.d.). https://www.compellingtruth.org/Apocrypha-Deuterocanonical.html

What is Reiki? (2019, September 10). https://www.reiki.org/faqs/what-reiki

# POR FAVOR, DEJA UNA RESEÑA EN AMAZON

Desde lo más profundo de mi corazón, quiero agradecerte por haber leído este libro. Realmente espero que te ayude en tu viaje espiritual y a vivir una vida más feliz y empoderada. Si te ha sido de ayuda, me gustaría pedirte un favor. ¿Serías tan amable de dejar una reseña de este libro en Amazon? Lo apreciaría muchísimo y sé que tendrá un impacto en las vidas de otras personas que buscan alcanzar la espiritualidad en todo el mundo y les dará esperanzas y energía.

¡Muchas gracias y buena suerte!
  Angela Grace

www.ingramcontent.com/pod-product-compliance
Lightning Source LLC
Chambersburg PA
CBHW071408070526
44578CB00002B/526